Jutta Rintelen

Origami
kinderleicht

Urania-Ravensburger

Inhalt

Vorwort

Dieses Buch soll Ihnen helfen, anhand von einfachen Faltungen mit Origami, der japanischen Kunst des Papierfaltens, vertraut zu werden. Um Verwirrungen zu vermeiden, wurde bewusst auf einige Origami-Fachbegriffe verzichtet. Die hier gezeigten Beispiele sind leicht nachzuarbeiten. Einige davon rufen vielleicht sogar Erinnerungen an die eigene Kindheit wach. Damals wie heute falten nicht nur Kinder, sondern auch Erwachsene gerne Figuren. Lassen Sie sich vom Papier fesseln und schaffen Sie sich eine kleine Origamiwelt.

Sie werden dabei erkennen, was in einem einfachen Blatt Papier stecken und wie viel Freude es Ihnen bereiten kann. Das kreative Falten von Papier hat durchaus etwas Besinnliches. Wer sich darauf konzentriert, kann die Zeit, den Alltag und manche Sorge vergessen.

Origami ist wie eine kleine Entdeckungsreise, die Sie im positiven Sinn zurück in die Kindheit führt. Für Kinder haben auch einfache Dinge ihren ganz eigenen Zauber. Sie ertasten und erobern diese mit all ihren Sinnen und ihrer Vorstellungskraft. Viele Menschen vermissen heute solche intensive Entdeckerfreude, die zum Innehalten anregt.

In der Einfachheit jedoch liegt sowohl eine wohltuende Ruhe wie auch eine Fülle von Möglichkeiten. Sie brauchen nur Papier und Ihre Hände – und zur Verfeinerung der Ergebnisse vielleicht ein Falzbein und eine Schere.

Was tun, wenn die papierenen Figuren aus Ihren Händen erstanden sind? Mit Origamifiguren kann ein Tisch zauberhaft und fröhlich dekoriert werden. Einige Figuren eignen sich auch dazu, in oder auf Karten geklebt zu werden. Ein liebevoller Gruß auf einer Origamifigur kann ebenfalls Freude bereiten.

Faltfiguren machen sich besonders gut als Geldgeschenke. Flugs ist beispielsweise ein Dampfer oder Hund aus schmuckem Papier gefaltet und das Geld im Rumpf oder im Ohr verborgen. Noch besser: „Mäuse" kann man immer gebrauchen, also stecken Sie doch der Maus ein Scheinchen hinter die Ohren. Auch Eintrittskarten und Gutscheine, ja sogar Liebesbriefchen kommen im Origami-Outfit gut an.

Wie wäre es mit einem Adventskalender der ganz anderen Art? Dieser enthält für jeden Tag ein buntes Papier, das Sie mit Ihren Kindern in eine neue Origamifigur verwandeln können. Zum Jahreswechsel bringen Origamischweine dann allen Glück. Auch als Raumdekoration sind die Figuren aus Papier gut geeignet. Ein Topf Zimmerbambus oder Papyrus lässt sich mit bunten Vögeln fröhlich schmücken. Lassen Sie Ihrer Fantasie doch freien Lauf! Tauchen Sie ein in die Magie des Papierfaltens.

Viel Freude wünscht Ihnen

Ihre Jutta Rintelen

Werkzeug und Material

Werkzeug

Die einzigen „Werkzeuge", die für alle in diesem Buch vorgestellten Faltungen notwendig sind, sind die Hände. Auf Hilfsmittel wie Schere oder Klebstoff wurde bewusst verzichtet, da diese im klassischen Origami nicht verwendet werden.

Natürlich können Sie ein Falzbein oder ein Lineal benutzen, um die Faltkanten schärfer zu machen. Dazu fahren Sie mit diesen nach dem Falten noch einmal an allen Faltkanten entlang.

Eine Schere benötigen Sie nur, wenn Sie sich die Papiere selbst auf die passende Größe zuschneiden wollen.

Arbeiten Sie immer auf einer festen, glatten Unterlage, wie einem glatten Brett oder einer Pappe, das erleichtert Ihnen die Arbeit.

Material

Im Handel sind viele verschiedene Arten von Origami-Papier in unterschiedlichen Farben und Formaten erhältlich. Sie können zwischen einfachen, glitzernden und transparenten Papieren wählen. Es gibt mehrfarbiges Origami-Papier in allen Regenbogenfarben, mit Sternchen oder anderen Dekors.

In diesem Buch werden Faltungen vorgestellt, die aus allen drei Grundformen – Quadrat, Rechteck und Kreis – gearbeitet werden. Bis man etwas Geschicklichkeit und Praxis im Origami hat, sollte eine Figur zuerst an einem einfachen Papier ausprobiert werden.

Theoretisch können Sie alle Papiere, auch Geschenkpapier, für Origami verwenden. Diese dürfen jedoch nicht zu dick oder zu dünn und sollten reißfest sein. Sollte für eine Faltung ein Rechteck benötigt werden, so müssen Sie das Verhältnis der Seiten zueinander beachten. Das Origami-Papier entspricht nicht den DIN-Vorgaben, ein Rechteck hat also nicht genau die DIN-A5- oder DIN-A4-Größe.

Tipps rund ums Papier

- Das Papier sollte nicht zu weich sein, da die Figuren sonst keinen Stand haben.

- Das Papier darf sich nicht wellen.

- Zu festes Papier erschwert saubere Faltungen oder macht sie unmöglich.

- Naturpapiere sehen schön aus, enthalten jedoch oft harte Fasern und Verdickungen, die eine Faltung erschweren können.

- Farbige Papiere sollten nicht abfärben.

- Bei beschichteten Papieren, z. B. bei zweifarbigen Sorten, heben sich die Faltkanten meist heller oder dunkler ab.

Falttechniken

Falten Sie ein Blatt Papier im Zickzack, so können Sie den Unterschied zwischen einer Berg- und einer Talfalte am einfachsten erkennen (Abb. 1, 2).

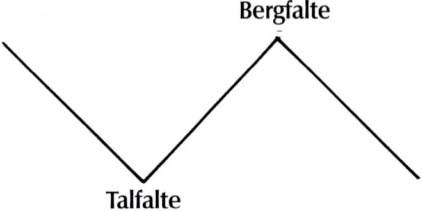

Bergfalte

Talfalte

Eine **Bergfalte** bezeichnet die hochstehende Faltkante (den „Berg") dieser Faltung, also den Knick nach oben.

1   Bergfalte

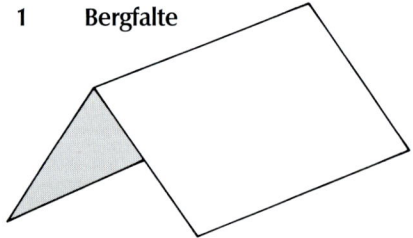

Als **Talfalte** werden die tiefliegenden Faltbrüche (die „Täler") bezeichnet.

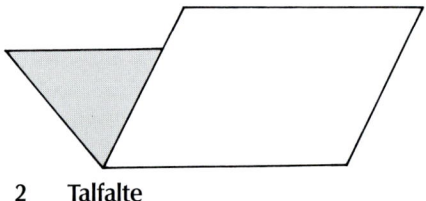

2   Talfalte

Um aus einer Berg- eine Talfalte zu machen, muss man entweder das Blatt Papier wenden (siehe S. 7) oder den Knick in die andere Richtung machen, also einen Gegenbruch ausführen (siehe S. 9).

6

Drehen

Beim **Drehen** wird das Papier nur auf der Unterlage liegend gedreht, sodass die Ecke **A**, die sich erst links oben befand, dann z. B. rechts oben liegt. Die Vorderseite zeigt weiterhin nach vorn (Abb. 3)

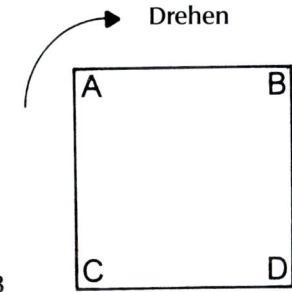
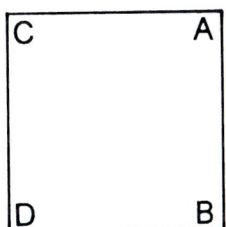

Wenden

Beim **Wenden** kommt die Rückseite nach vorn, d. h., die Vorderseite liegt nach dem Wenden auf der Unterlage. Die Rückseite ist nun vorn (Abb. 4).

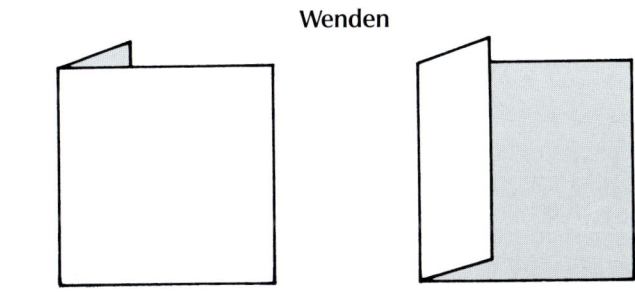

Hilfsbruch

Hilfsbrüche ergeben Hilfsbruchfalten, die als Falthilfe dienen und wieder geöffnet werden (Abb. 5). Soll beispielsweise etwas bis an die Diagonale **A – D** gefaltet werden, so wird erst diese Diagonale als Hilfsbruch gefaltet, dann wieder geöffnet und schließlich die Faltung bis an die Diagonale ausgeführt.

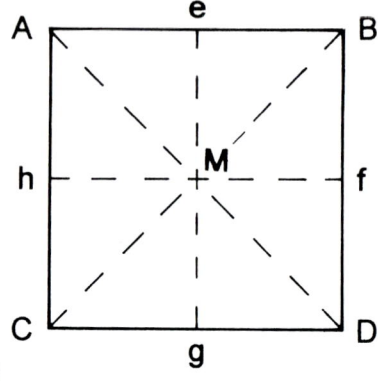

5

Mittelbruch

Ein **Mittelbruch** ist eine Faltung, die in der Mitte des Papiers oder der Fläche angelegt wird. Bei einem Mittelbruch werden die Ecken **A** nach **C** und **B** nach **D** gelegt (ergibt die Linie **h – f** in Abbildung 6). Werden **A** nach **B** und **C** nach **D** gelegt, so ergibt das die Linie **e – g** (Abb. 7).

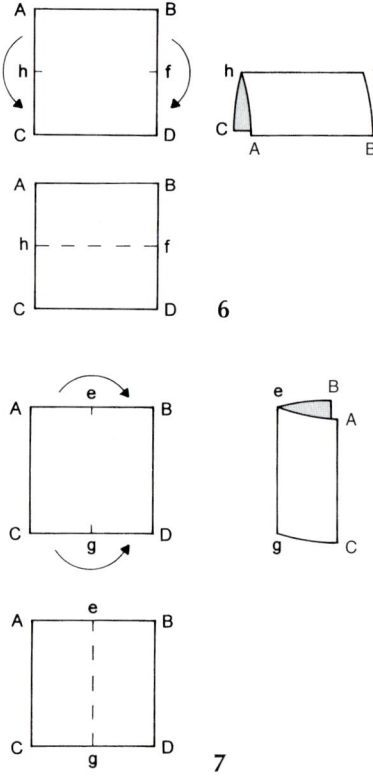

6

7

8

Hat man beide Mittelbrüche ausgeführt, so erhält man den **Mittelpunkt** des Blattes, der in den Abbildungen als **M** bezeichnet wird (Abb. 8).

Ein **Gegenbruch** wird gemacht, wenn das Papier gegen die vorhandene Faltung gefaltet werden soll. Zum Beispiel, wenn Sie eine Bergfalte nach innen oder nach außen weiterfalten wollen.

Für eine **Gegenbruchfalte nach „außen"** wird die bisher innen liegende Seite nach oben gefaltet, sodass sie auf der ursprünglichen Falte liegt und nun nach außen zeigt (Abb. 9).

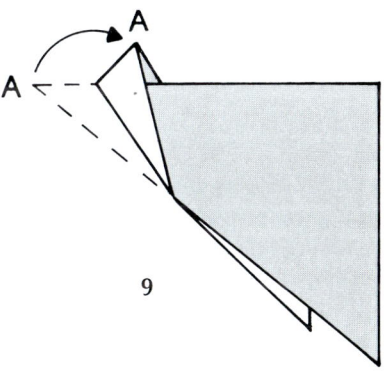

Für eine **Gegenbruchfalte nach „innen"** wird die bisher außen liegende Seite nach unten gefaltet, sodass sie unter der ursprünglichen Falte liegt und nun nach innen zeigt (Abb. 10).

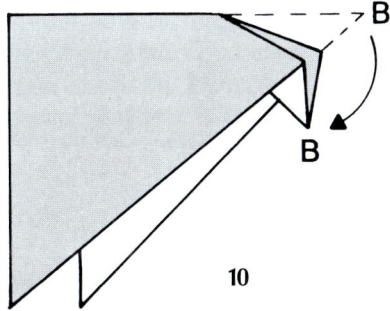

9

Bunte Hunde

Material
1 Quadrat

So wird's gemacht

1. Hilfslinien falten: **A** nach **C** und **B** nach **D** falten und entfalten. Dann **A** nach **B** und **C** nach **D** falten und entfalten (Abb. 1).

2. Das Papier mit der **B**-Ecke nach oben legen. **B** und **C** an **M** falten. Dann **h** auf **e** und **g** auf **f** falten. Papier wenden (Abb. 2).

3. Das Papier rechts festhalten und **A** nach unten ziehen, dabei die Bergfalte zur Talfalte nach innen drücken. **A** zeigt nun senkrecht nach unten. Mit **D** ebenso verfahren (Abb. 3).

4. Das Papier drehen. **D** und **A** sind oben rechts. Das Papier an **M** festhalten. **D** nach links zwischen **f** und **g** hindurchziehen. **D** waagerecht als Nase nach links falten (Abb. 4). **D** für die Schnauze leicht nach innen falten.

5. **A** im Gegenbruch für die Schwanzspitze etwas nach innen (unten) falten.

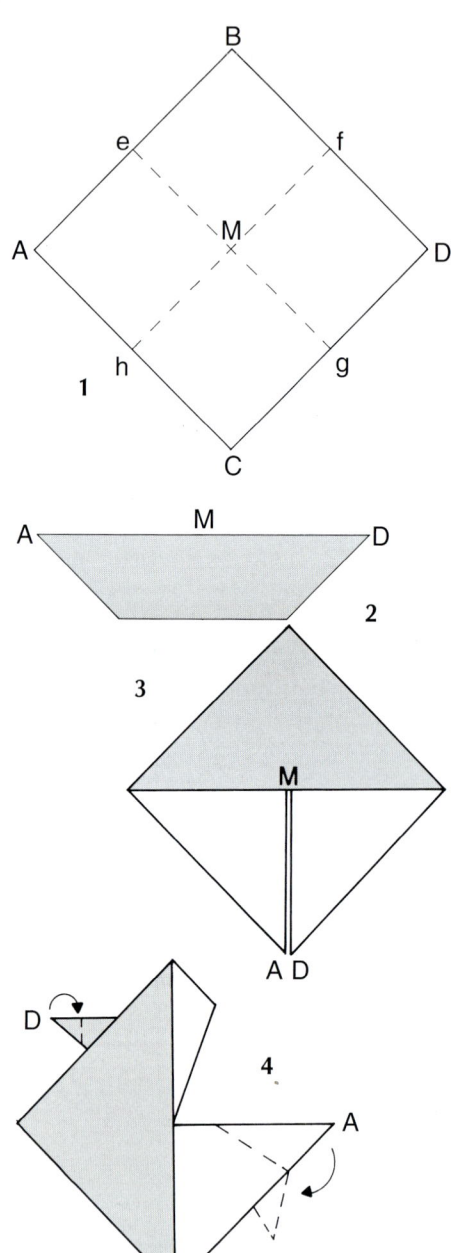

Maus

Material
1 Rechteck

So wird's gemacht

1. Das Papier hochkant legen. **A** nach **B** und **C** nach **D** falten und entfalten. **A** und **B** an den Mittelbruch falten (Abb. 1). Das Papier wenden.

2. **D** und **C** schräg an den Mittelbruch falten (Abb. 2).

3. Die beiden unteren Schrägkanten an den Mittelbruch falten (Abb. 3). Für eine schlanke Maus die Schrägkanten erneut an den Mittelbruch falten.

4. Die oben am Mittelbruch liegenden Ecken für die Füße nach unten falten. Das Papier wenden.

5. Die Ecken **A** und **B** für die Ohren nach oben falten (Abb. 4). Einen Papierstreifen als Schwanz ins Mausende stecken.

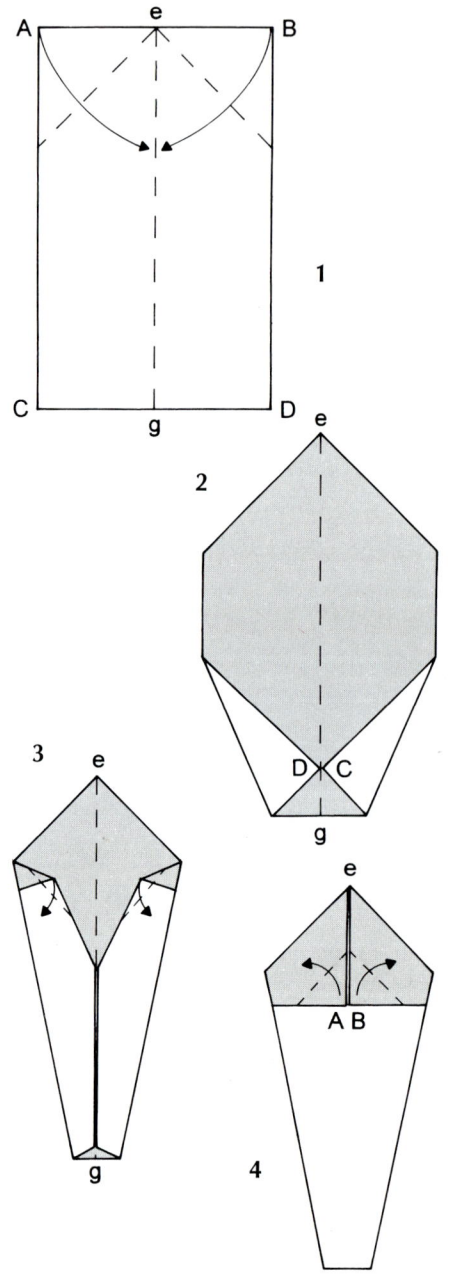

Baum

Material
Krone: 1 Kreis
Stamm: 1 Quadrat

So wird's gemacht

Krone

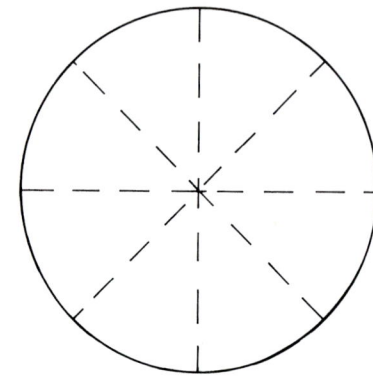

1. Den Kreis in acht gleich große Drei-
ecke falten (Abb. 1). Es entstehen acht
Bergfalten.

2. Zwischen den Bergfalten gleichmäßige
Talfalten falten (Abb. 2).

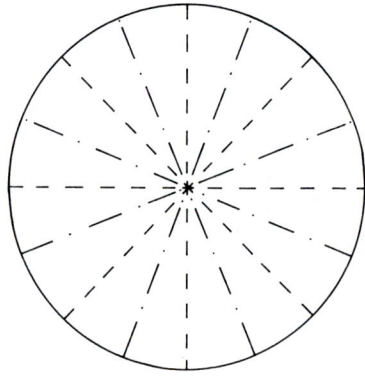

Stamm

1. Das Quadrat in gleichmäßigen Ab-
ständen viermal nach innen falten
(Abb. 3).

2. Die Faltung leicht öffnen und für den
Stamm das letzte Viertel über das erste
schieben.

3. Für einen festen Stand die Ecken
oben zusammendrücken und zur Seite
falten.

Den Stamm aufstellen und die Krone
darauf setzen.

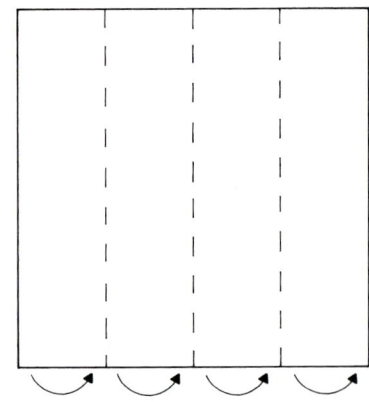

14

Schlange

Material
1 Quadrat

So wird's gemacht

1. A nach D falten und entfalten (Abb. 1).

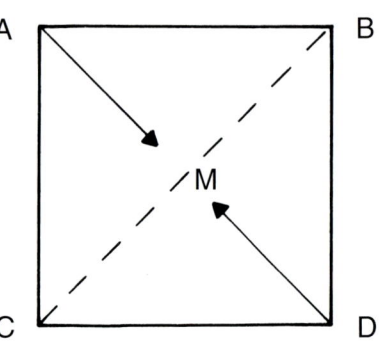

2. A und D zum Mittelpunkt (M) falten (Abb. 2).

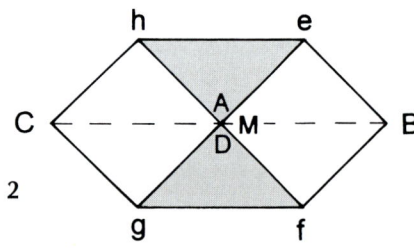

3. Die Außenkanten (**h** – **e** sowie **g** – **f**) einige Male schmal an den Mittelbruch falten (Abb. 3).

4. Dann in einer Bergfalte die beiden Seiten im Mittelbruch aufeinander falten.

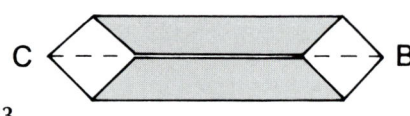

5. Für den Kopf ein Ende schräg nach unten falten und entfalten. Die Spitze im Gegenbruch nach innen (unten) falten (Abb. 4).

6. Den Körper drei- bis viermal quer falten, bis die Schlange die gewünschte Haltung hat.

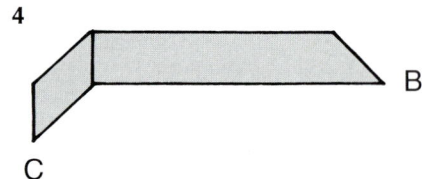

16

Dinosaurier

Material

1 Quadrat

So wird's gemacht

1. **A** nach **B** und **C** nach **D** falten und entfalten. Dann **A** nach **C** und **B** nach **D** falten und entfalten (Abb. 1).

2. Das Papier anheben. Zuerst **f** auf **g** legen und **D** nach innen falten.
Dann **e** auf **h** legen und **A** nach innen falten. Es entsteht ein Quadrat.

3. **M** nach oben legen, die Öffnung zeigt nach unten.

4. Die linke Ecke auf die rechte falten und entfalten (Abb. 2).

5. Die linke und dann die rechte Ecke nach oben an den Mittelbruch falten (Abb. 3).

6. **M** entlang der gestrichelten Linie nach unten falten und entfalten (Abb. 3).

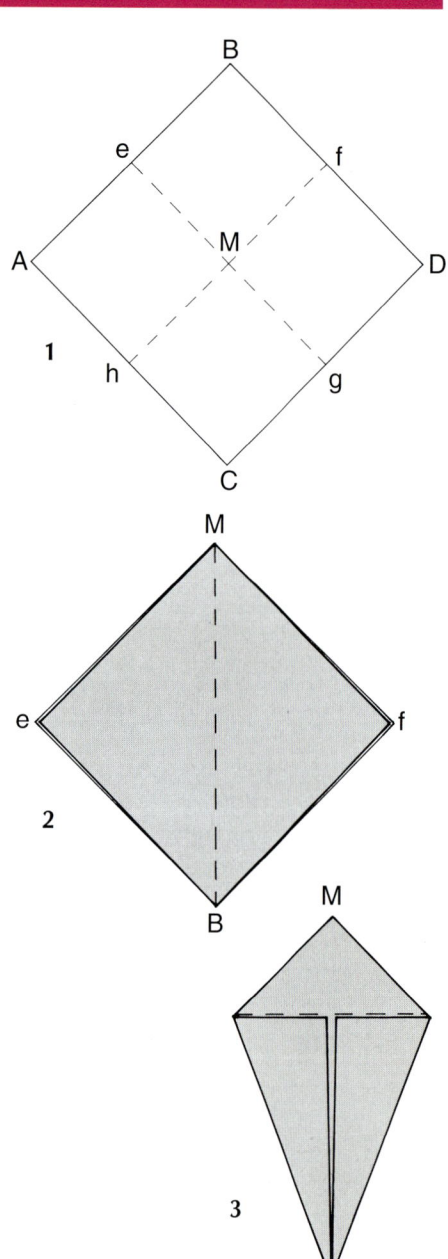

7. Die Faltung bis zum Quadrat (Abb. 2) wieder entfalten.

4

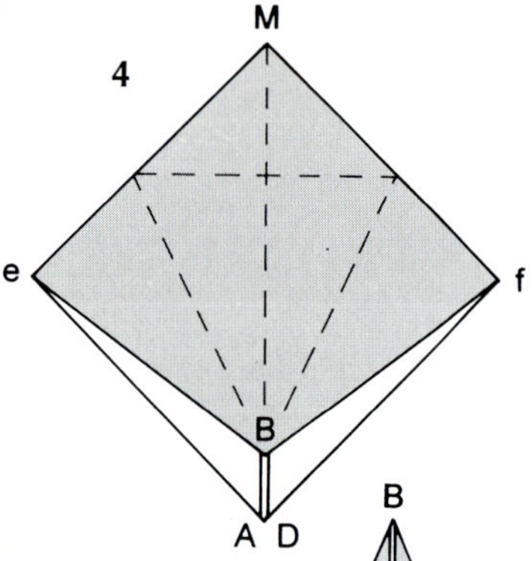

8. Die vorderste Spitze (**B**) anheben. Dann **e** und **f** nach innen falten (Abb. 4, 5). Das Papier wenden (Abb. 6).

5

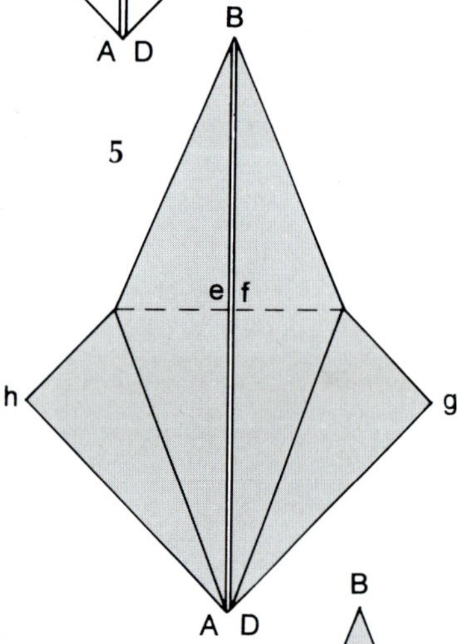

6

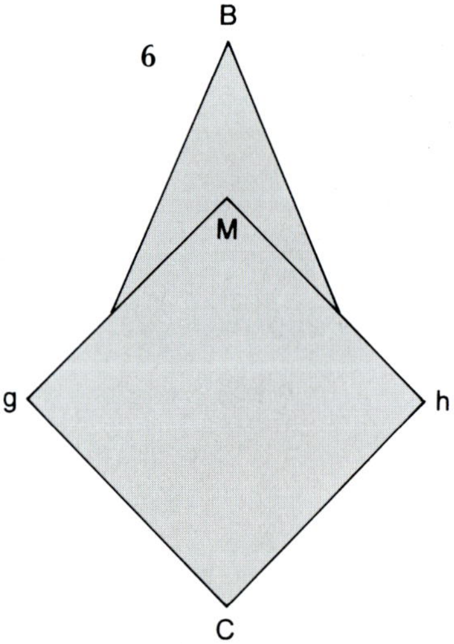

9. Die vorderste Spitze (**C**) anheben. Dann **g** und **h** nach innen falten (Abb. 7).

7

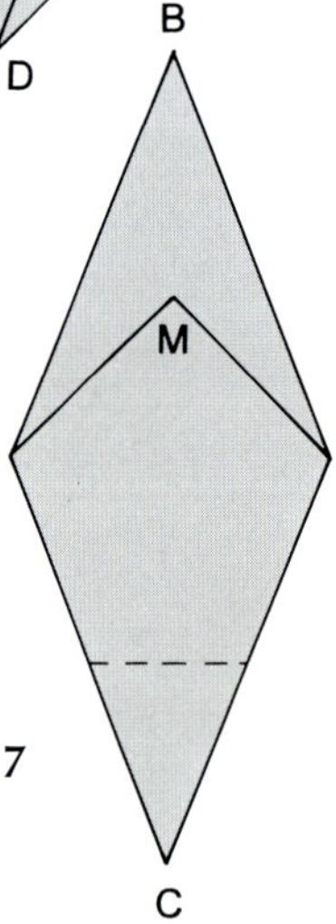

10. **C** nach unten legen. **C** nach **M** falten und entfalten (Abb. 8).

11. **C** entlang der gestrichelten Linie nach links falten und entfalten (Abb. 9). Dann **C** ebenso nach rechts falten und entfalten.

12. **C** leicht anheben. Für den Kopf die Punkte **k** und **m** zusammenführen. Dabei **B1** nach oben und **C** nach unten drücken (Abb. 10).

13. Die beiden Beinspitzen **A** und **D** (Abb. 9) für die Füße nach vorn falten. Die Schwanzspitze **B** für einen festen Stand nach vorn falten.

14. Die Faltung an **B** und **C** vorsichtig auseinanderziehen und die Figur aufstellen.

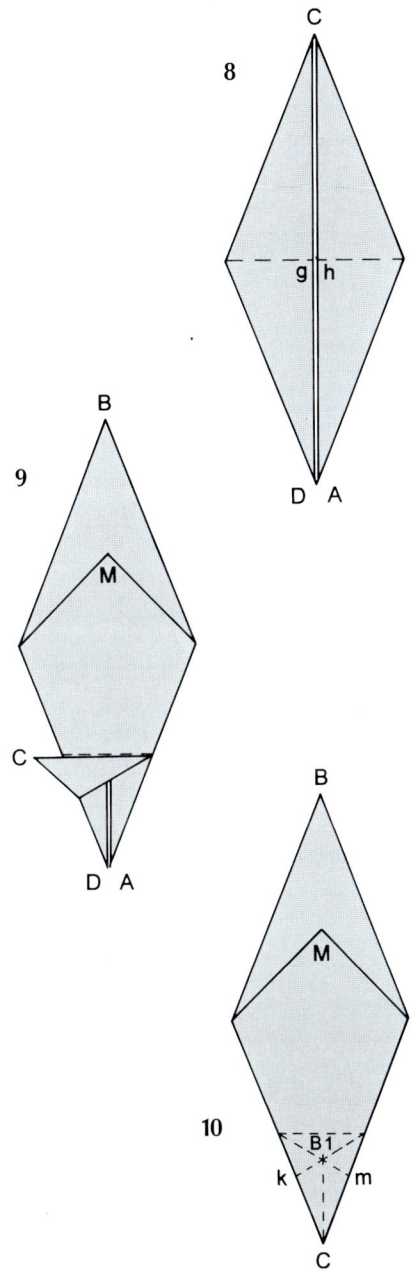

21

Schnecke mit Haus

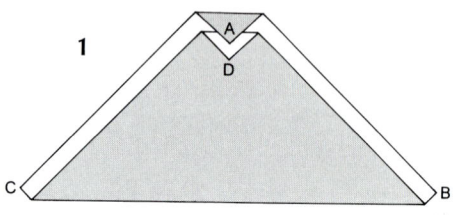

Material
2 Quadrate

So wird's gemacht

Körper

1. **A** liegt oben. **C** auf **B** falten und entfalten.

2. **D** bis knapp vor **A** falten. Zuerst **D** und dann **A** etwas nach unten falten (Abb. 1). Das Papier wenden.

3. Beide Schrägkanten zuerst nach unten an den Mittelbruch (Abb. 2) und dann etwas zurück falten (Abb. 3).

4. Die Außenkanten nach unten an den Mittelbruch falten (Abb. 4). Das Papier wenden.

5. Fühler vorn schräg nach oben falten.

Haus

1. Das Quadrat in gleichmäßigen Abständen dreimal falten. Die Enden zueinander biegen und das eine Ende in das andere stecken.

2. Mit der offenen Seite der zusammengesteckten Enden unter eine Spitze am Körperende der Schnecke schieben.

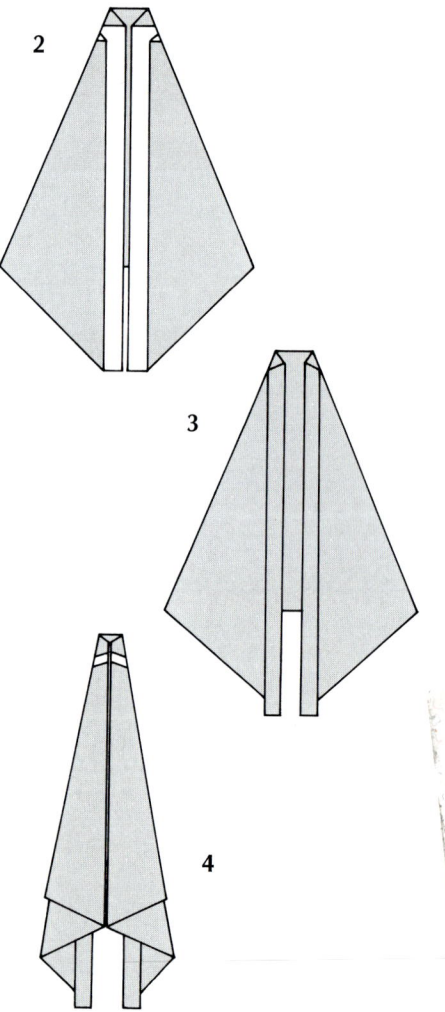

22

Frosch mit Seerosen

Frosch

Material
1 Quadrat

So wird's gemacht

1. **A** nach **B** und **C** nach **D** falten und entfalten. Dann **A** nach **C** und **B** nach **D** falten und entfalten (Abb. 1).

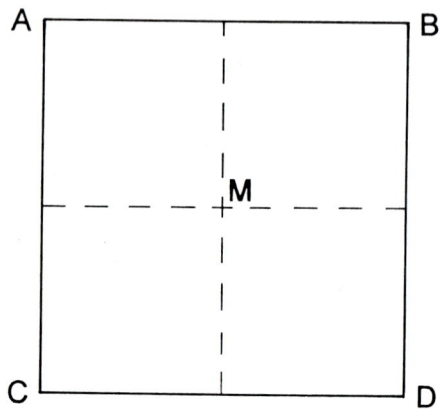

1

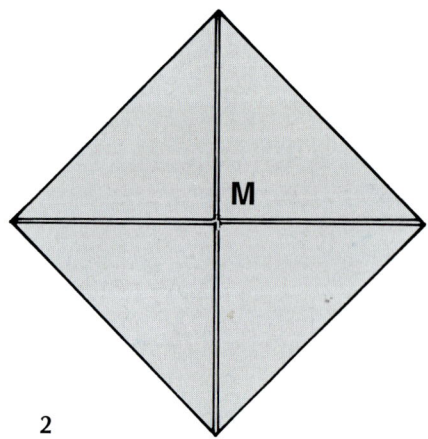

2

2. Alle vier Ecken zur Mitte (**M**) falten (Abb. 2). Papier wenden.

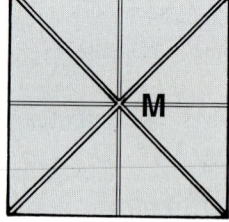

3

3. Erneut alle vier Ecken zur Mitte (**M**) falten (Abb. 3). Papier wenden.

24

4. Eine Spitze zeigt nach oben (Abb. 4). Die rechte und linke Ecke zur Mitte (**M**) falten.

5. Papier wenden (Abb. 5).

6. Von den vier in der Mitte (**M**) aufeinander treffenden Ecken die beiden oberen an die rechte bzw. linke Außenkante falten und entfalten (Abb. 6). Die beiden Ecken stehen nun etwas hoch.

7. Dann **k** und **m** etwas nach innen falten und entfalten (Abb. 6).

8. Die beiden Taschen für die Schenkel am unteren Froschteil etwas öffnen. Papier wenden. Die beiden mittleren Ecken für die Froschbeine etwas nach oben falten.

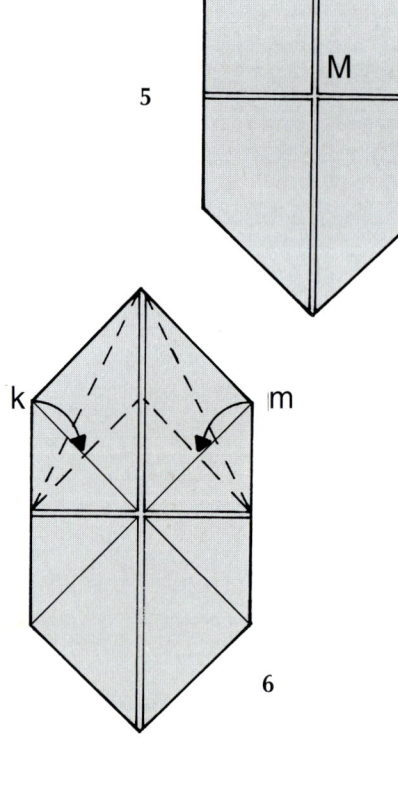

Seerosen

Material:
1 großer Kreis
1 mittelgroßes Quadrat
1 kleines Quadrat

Seerosenblatt

1. Den Kreis in acht gleich große Drei-ecke falten. Es entstehen acht Talfalten.

2. Den Rand zwischen zwei nebenei-nander liegenden Ecken nach oben fal-ten (Abb. 1).

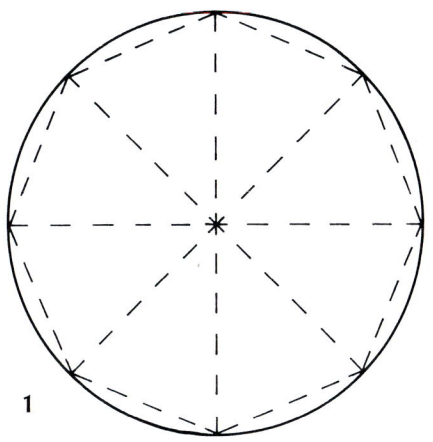

Seerose

1. **A** nach **B** und **C** nach **D** falten und entfalten. Dann **A** nach **C** und **B** nach **D** falten und entfalten.

2. **A** nach **D** und **B** nach **C** falten und entfalten (Abb. 2).

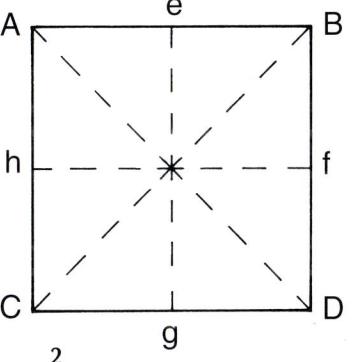

3. Zuletzt **f**, **g**, **e** und **h** nach oben zur Mitte zusammenführen, sodass ein Stern entsteht (Abb. 3).

4. Zwei so gefaltete Quadrate inei-nander stecken.

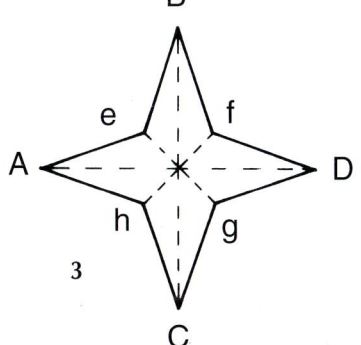

Schweine und Ferkel

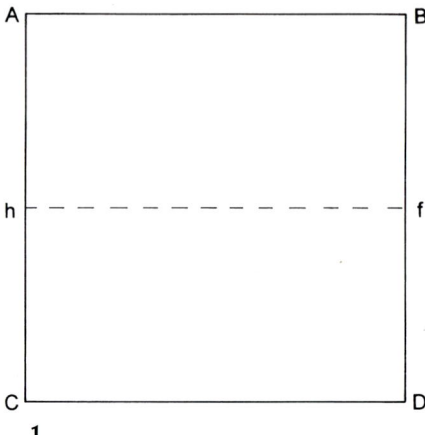

Material

1 Quadrat

So wird's gemacht

1. **A** nach **C** und **B** nach **D** zur Bergfalte falten (Abb. 1). Die Bergfalte liegt oben.

2. **A** und **B** nach **h** und **f** falten (Abb. 2). Das Papier wenden. **C** und **D** nach **h** und **f** falten. Das Blatt drehen, sodass **A** und **C** sowie **B** und **D** nach unten zeigen.

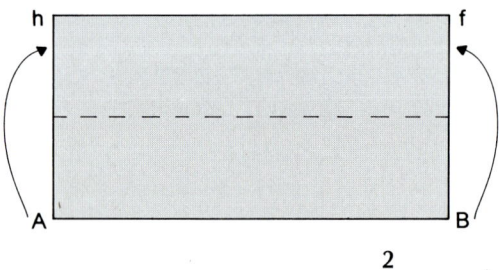

3. Die oberen Ecken der vorderen Blattform bis zur Kante nach unten falten und entfalten (Abb. 3).

4. Papier wenden. Schritt 3 wiederholen.

5. Die obere Blattform anheben. Die Bergfalte rechts und links im Gegenbruch nach innen falten.

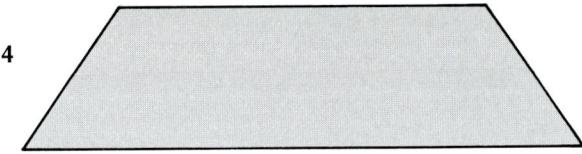

6. Papier wenden. Schritt 5 wiederholen (Abb. 4).

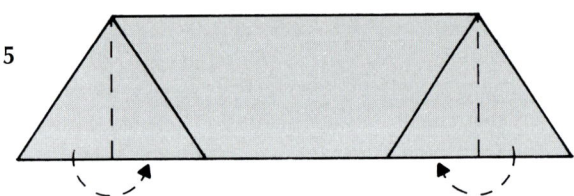

7. Die rechte und linke Ecke der oberen Blattform zur Mitte falten (Abb. 5).

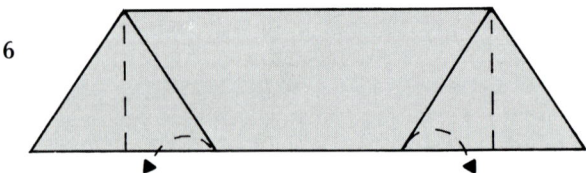

8. Für die Beine die äußeren Kanten der zur Mitte gefalteten Ecken entlang den Hilfsbrüchen nach unten falten (Abb. 6).

9. Papier wenden. Schritt 7 und 8 wiederholen.

10. Für den Rüssel die eine Ecke im Gegenbruch nach oben und nach innen falten (Abb. 7).

11. Für das Schwänzchen die andere Ecke etwas nach oben und anschließend schräg nach unten falten (Abb. 8).

Pinguin

Material
1 Quadrat (schwarz-weiß)

So wird's gemacht

1. **A** nach **D** falten und entfalten (Abb. 1). Die weiße Seite liegt vorn und **B** oben.

2. **A** und **D** etwa zwei Drittel nach unten bis zum Mittelbruch falten. Dann nur die Ecken **A** und **D** nach innen falten (Abb. 2).

3. **C** etwas nach oben falten und entfalten. Dann **C** entlang dem Hilfsbruch nach rechts und nach links falten und entfalten.

4. Das Papier wenden. **C** entlang dem oberen Hilfsbruch nach oben falten. Für einen festen Stand **C** entlang den Hilfsbrüchen zusammendrücken und nach unten falten (Abb. 3, 4).

5. Das Papier wenden. **B** etwas nach unten falten (Abb. 5). Das Papier anheben und entlang dem Mittelbruch nach hinten falten. Für den Schnabel **B** nun waagerecht zum Körper nach oben ziehen und falten (Abb. 6).

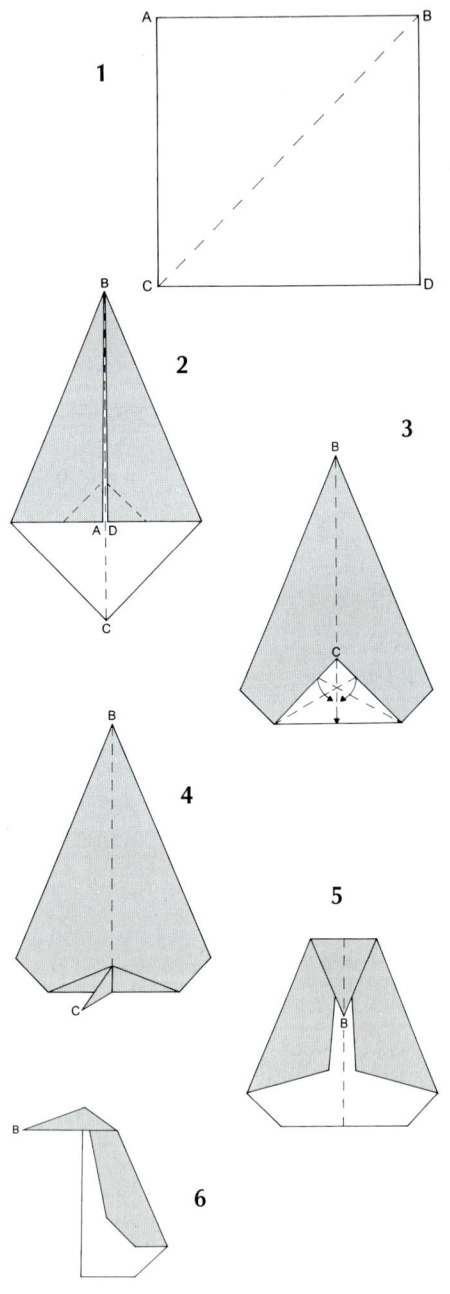

Fledermaus

Material
1 Quadrat

So wird's gemacht

1. **A** nach **D** falten (Abb. 1).

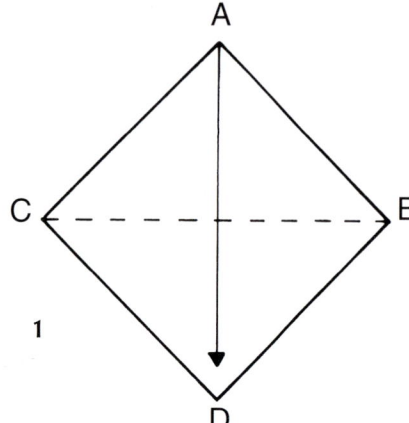

2. **A** und **D** liegen unten (Abb. 2).

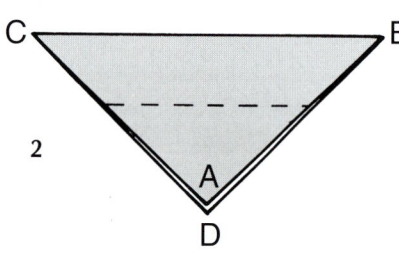

3. **A** und **D** zusammen nach oben falten, bis sie etwas über die Bergfalte hinausragen (Abb. 3).

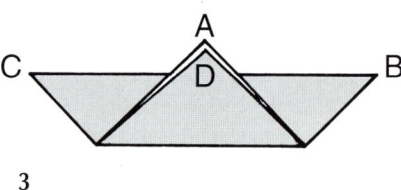

4. Dann **D** nach unten falten. Die Spitze ragt über die Talfalte hinaus (Abb. 4).

5. Das Papier wenden. Für die Flügel das Papier rechts und links unregelmäßig in schräge Ziehharmonika-Falten legen.

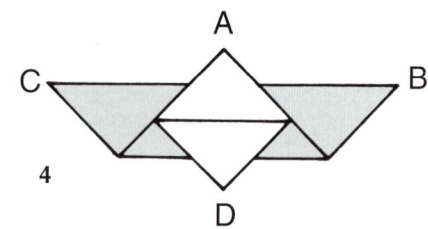

34

Vogel

Material
1 Quadrat

So wird's gemacht

1. **A** nach **D** falten und entfalten (Abb. 1).

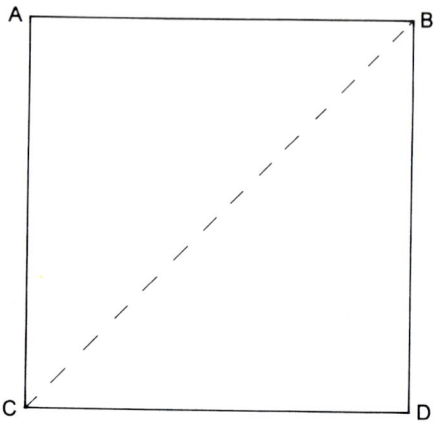

1

2. **B** liegt oben. **A** und **D** nach unten an den Mittelbruch falten (Abb. 2).

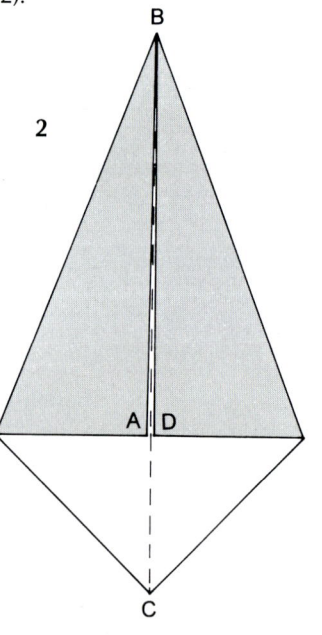

2

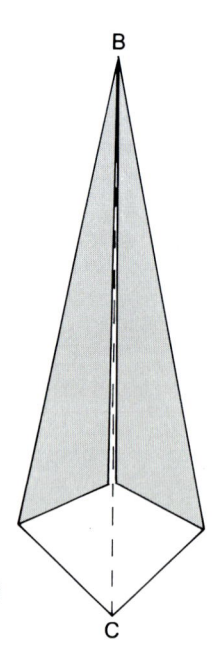

3. Dann linke und rechte Kante erneut nach unten an den Mittelbruch falten (Abb. 3).

3

4. **B** auf **C** falten und entfalten (Abb. 4).

5. Das Papier drehen. **B** zeigt nach links.

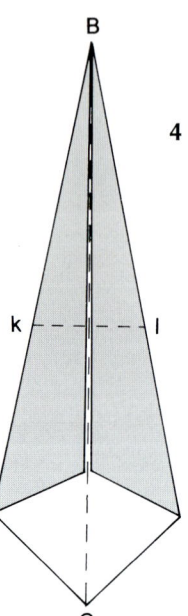

6. Die inneren, am Mittelbruch liegenden Ecken zu den äußeren Kanten falten (Abb. 5).

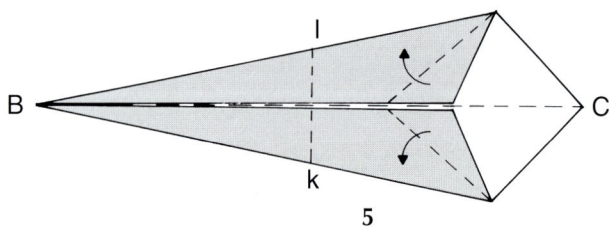

7. Den Mittelbruch zur Bergfalte legen (Abb. 6). Die Faltungen werden dabei nicht eingeschlossen, sondern bleiben außen.

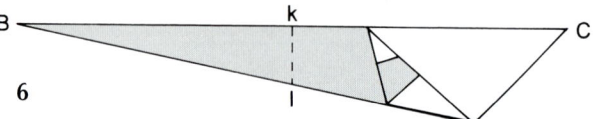

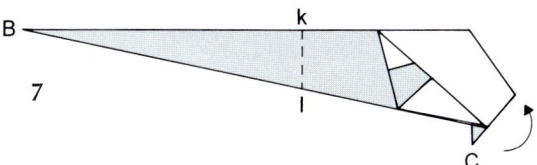

8. **C** im Gegenbruch nach innen (unten) ziehen und falten (Abb. 7). Dann **C** im erneuten Gegenbruch wieder innen etwas nach oben falten.

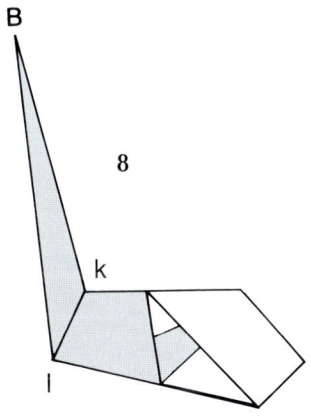

9. Die Faltung unten öffnen. **B** im Gegenbruch bis zum Hilfsbruch (**k – l**) senkrecht nach oben ziehen. Dabei die rechte und linke Kante aufeinander falten (Abb. 8).

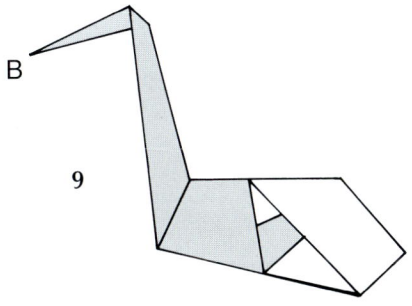

10. Für den Kopf **B** im Gegenbruch in die Waagerechte falten (Abb. 9).

Himmel und Hölle

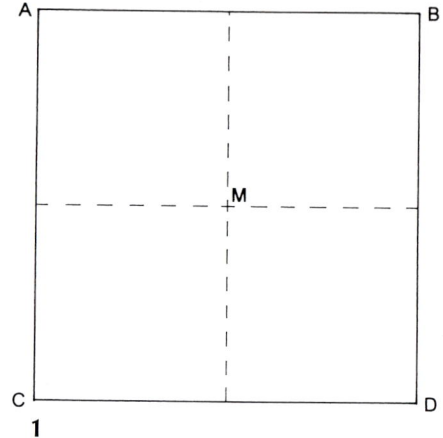

1

Material

1 Quadrat

So wird's gemacht

1. **A** nach **C** und **B** nach **D** falten und entfalten. **A** nach **B** und **C** nach **D** falten und entfalten (Abb. 1).

2. Alle vier Ecken zur Mitte (**M**) falten. Das Papier wenden (Abb. 2).

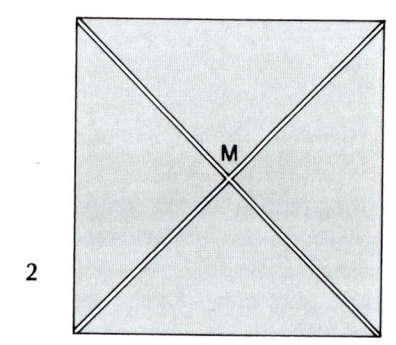

2

3. Erneut alle vier Ecken zur Mitte (**M**) falten (Abb. 3).

4. Die Unterkante auf die Oberkante legen (Abb. 4).

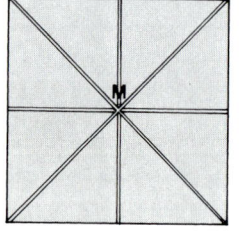

3

5. Das Papier hochnehmen (die geschlossene Kante ist unten). Das Papier rechts unten und links unten anfassen und nach oben in die Mitte drücken (Abb. 5).

6. Mit den Zeigefingern und den Daumen von unten in die vier Öffnungen greifen.

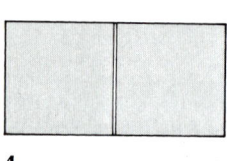

4

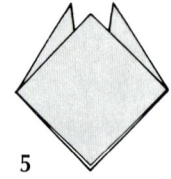

5

40

Dampfer

Material
1 Quadrat

So wird's gemacht

1. - 3. Wie Himmel und Hölle.

4. Das Papier wenden und erneut die Ecken zur Mitte falten (Abb. 1).

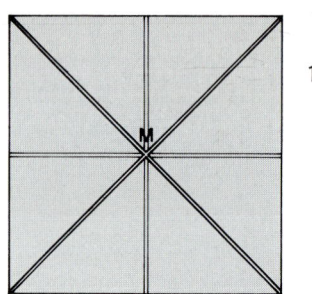

5. Das Papier wenden. Zwei gegenüberliegende Quadrate öffnen und die Kanten nach außen falten (Abb. 2).

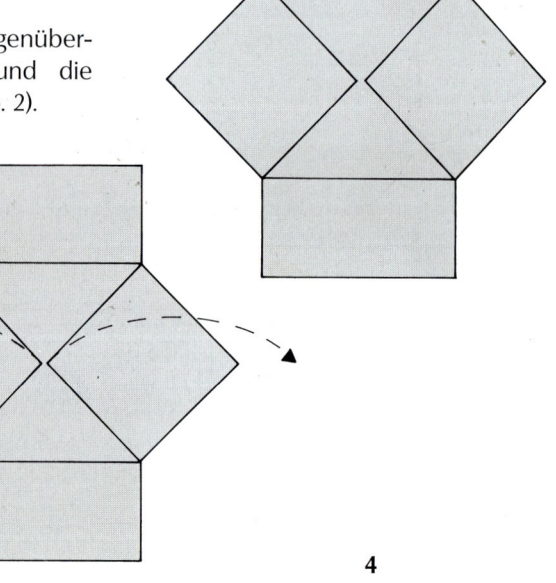

6. Die inneren Spitzen der beiden übrigen Quadrate vorsichtig nach oben und außen ziehen (Abb. 3). Dabei schließen sich die nach außen gefalteten Quadrate zum Schornstein (Abb. 4).

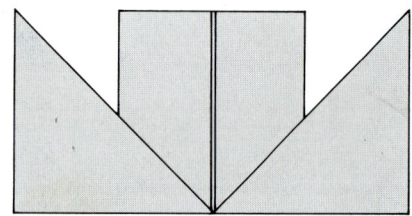

Flieger

Material
1 Rechteck

So wird's gemacht

1. **A** nach **B** und **C** nach **D** falten und entfalten (Abb. 1).

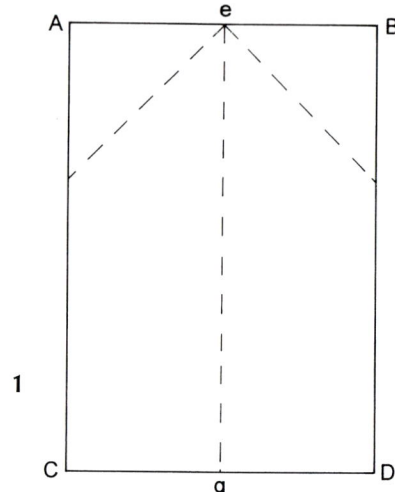

2. **A** und **B** nach unten an den Mittelbruch falten (Abb. 2).

3. **C** nach **D** falten. Das Papier drehen; **e** zeigt nach links.

3. Vorn und hinten die oberen Kanten unter den Mittelbruch (**e** – **g**) falten (Abb. 3).

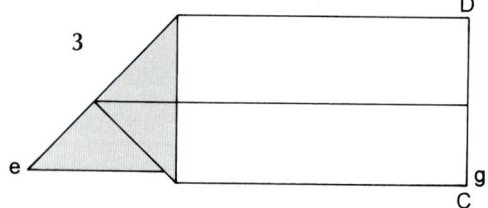

4. Davon etwas wieder nach oben falten (Talfalten). Rechte untere Ecke im Gegenbruch nach innen (oben) falten (Abb. 4).

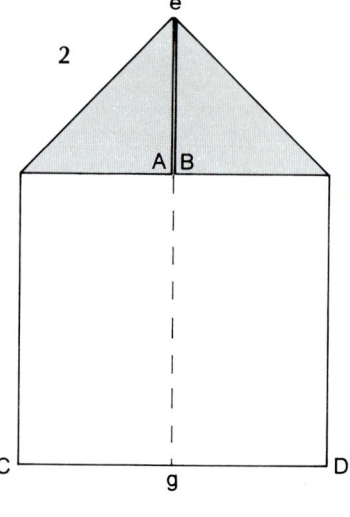

44

Einfacher Hut oder Schiffchen

Material
1 Rechteck

So wird's gemacht

1. **A** nach **C** und **B** nach **D** falten. Dann **h** nach **f** und **A**/**C** nach **B**/**D** falten und entfalten (Abb. 1).

2. Nun **h** und **f** bis zum Mittelbruch falten (Abb. 2).

3. **A** und **B** bis zur Kante des Dreiecks nach oben und nach hinten falten (Abb. 3). Das Papier wenden. Mit **C** und **D** diesen Schritt wiederholen.
Der einfache Hut ist fertig!

4. Den Hut anheben und die beiden unteren Spitzen nach innen zusammenführen. Es entsteht ein Quadrat (Abb. 4).

5. Die Spitzen vorn und hinten zur oberen Spitze (**M**) falten. Das so entstandene Dreieck anheben, unten öffnen und die unteren Ecken zusammenführen. Es entsteht wieder ein Quadrat (Abb. 5).

6. Die beiden Seiten vorsichtig nach außen ziehen. Schiff ahoi!

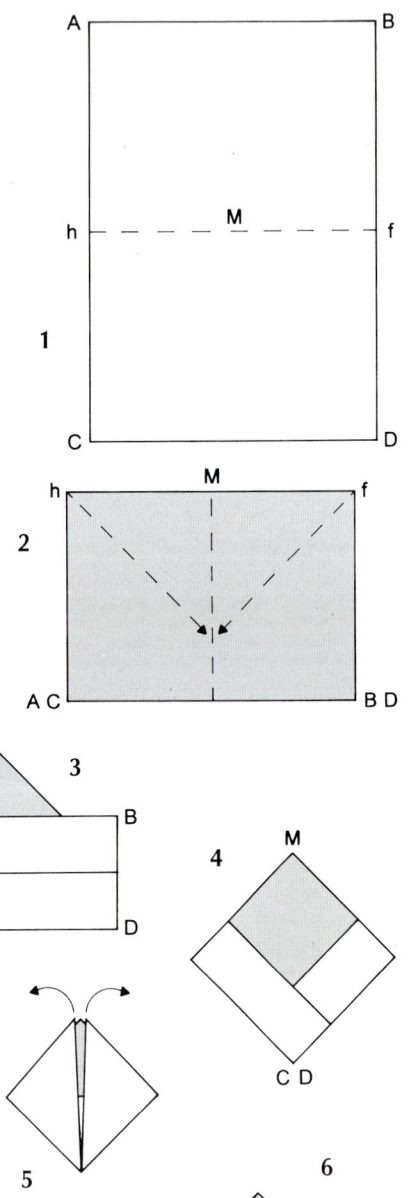

46

Danksagung

Besonderen Dank für Rat und Hilfe möchte ich Frau Elisabeth Frank aussprechen.

Die Deutsche Bibliothek – CIP-Einheitsaufnahme
Ein Titeldatensatz für diese Publikation ist bei Der Deutschen Bibliothek erhältlich.

© 2000 Urania-Ravensburger in der Dornier Medienholding GmbH, Berlin
Alle Rechte vorbehalten.
Umschlaggestaltung: Günter Hennersdorf
Fotos: Sabine Münch, Berlin
Modelle: Jutta Rintelen
Zeichnungen: Jutta Rintelen (Design), Jana Holeschovsky (Ausführung)
Lektorat: Berliner Buchwerkstatt, Vera Olbricht
Satz: City Repro, Berlin
Druck: Messedruck Leipzig
Printed in Germany

Gedruckt auf alterungsbeständigem Papier mit chlorfrei gebleichtem Zellstoff.

Die Schreibweise entspricht den Regeln der neuen Rechtschreibung.

03 02 01 00   4 3 2 1

ISBN 3-332-01116-2